Impressum:

Grafik: Schmetterling, aus frei erwerblichen Cliparts

Verlag: tredition GmbH, Hamburg

978-3-7439-5782-4 (Paperback)
978-3-7439-5783-1 (Hardcover)
978-3-7439-5784-8 (e-Book)

Tief in Dir Drin Singt ein

oder

Eine kleine Bettlektüre

Vorwort

Warum ein Buch? Warum nicht. Es sind Dinge aus meinem Leben, die mich lachen und weinen ließen, die mir zeigten das nicht alles erklärbar ist im Leben. Dinge aus dem Alltag und von besonderer Bedeutung. Das ganze in Versform zu schreiben war nicht einfach, doch so als Erstlingswerk, denke ich mir ist es doch ganz gut gelungen.

Das eine oder andere Gedicht hatte ich schon mal auf der einen oder anderen Seite im Netz veröffentlicht, unter anderen Namen, daher kann es vorkommen das manche Leser eins schon kennen.

Bedanke mich natürlich auch bei meinen Testlesern, die mich dazu ermuntert haben das ganze mal als Buch heraus zugeben.

Nun hoffe ich, liebe Leser, das auch Sie an dem einen oder anderen Gefallen finden werden.

Herzlichst Ihr Kurt Wolf

Das Buch

Ich las ein Buch
schlug es auf, schlug es zu.
Konnte es nicht verstehen
griff es aus versehen.

Es war kein Roman.
Es war keine Fibel.
Es war die Bibel.

Nagte an Ihr auch schon der Zeiten Zahn
ich las auch den Koran.
Durch diese Bücher faste ich neuen Mut
so las ich auch den Talmud.

Und in allen dreien steht geschrieben
Du sollst deinen nächsten lieben.
Doch alle führen nur Krieg
ich frage mich, wann erringt die Liebe den Sieg.

Jagdglück

Der Jäger macht die Büchse klar
eben war ein Wildschwein so nah
Die Kugel sich auf dem Wege macht

DANEBEN

Das Schwein sich ins Fäustchen lacht
Verwundert der Jäger sich die Augen reibt

Was die Sau da nun vor Freude treibt
Wäre es eine Frau, würde der Jäger geil

NA DANN WALDMANNS HEIL

Liebe ohne Grenzen

Unter einer Linde
saß eine Blinde
fütterte eine Taube
mit einer süßen Traube

Liebe muss man nicht sehen oder hören
wenn sie kommt wird sie dich betören

Heldentaten

Wenn der kleine Held
nicht mehr zu Dir hält

Dein gutes Gewissen
will sich auch grad verpissen

Dein großes Herz nimmt Schaden
will nimmer richtig schlagen

Beine wollen Dich nicht mehr tragen
alles in Dir will versagen

Du stellst Dir 1000 Fragen
Hast müh all dies zu ertragen

Mit JA kannst Du dies sagen
Dann erst sprech von Heldentaten

Marmeladenmund

Dein süßer Marmeladenmund
einfach Zuckersüß und Rund

Deine roten Lippen lecken
den süßen Geschmack schmecken

Es schmeckt so nach mehr
Heidel-, Him-, Erdbeer

Apfel, Pflaume, Kirsch
Bin bei Dir auf der Pirsch

Noch ein kleiner schlecker
Dein Mund ist köstlich und lecker

Schnell das Mündchen waschen
würd Dich sonst ganz vernaschen

Ein gutes Gefühl

Ach wie geil
ist das Seelenheil

Es lässt Dich schweben
den Boden unter Dir beben

Kannst auch mal gute Sachen machen
endlich auch mal wieder lachen

Grabstein Inschrift

Hier ruhen all meine Sorgen
die von Gestern, Heut und Morgen
Mögen sie in Frieden ruhen
wo anders ihre schlechten Dinge tun

Mit Würde trug ich sie zu Grabe
kannte nun bei ihnen keine Gnade
zu lange hatten sie mich geneckt
oft Streiche gespielt, sich versteckt

Doch nun endlich ist es mir gelungen
habe sie nach langer Zeit bezwungen
Der Kampf um mich schien fast verloren
doch nun fühl ich mich wie neu geboren

Das Feigenblatt

Das Feigenblatt
hatte es satt
Das es nur an einer Stelle hang
so machte es einen Abgang

Adam merkte es nicht
zu warm war das Sonnenlicht
Eva kam daher
schaute kurz und lachte sehr

Doch auch Ihr Feigenblatt war verschwunden
sie hatte sich daher einen Rock ungebunden
Um Ihre Blöße zu verhüllen
Adam wollte ihn zerknüllen

Aber die Rechnung ging nicht auf
der Rock hatte Stacheln drauf
Er begann zu fluchen und Eva zu verdammen
so zog er wütend von dannen

Eva schaute Ihm hinterher
und lachte noch mehr
Und die Moral von dem Gedicht
im Paradies schien auch nicht immer Licht

Liebe und Hass

Ich liebe Dich
weiß ich darf es nich´

So wollte ich Dich hassen

Doch am Ende meiner Kraft
merkte ich, das ich dass auch nicht schaff´

5te Jahreszeit

Hellau und Allaaf
seid aber brav

Fasching oder Karneval
geschunkelt wird überall

Man vergisst für eine kurze Zeit
die Einsamkeit

Doch einige Tage später
erwacht man aus dem Traum

fühlt sich einsamer
das glaubste kaum

Einsam

Hier sitze ich einsam und verlassen
schwanke zwischen lieben und hassen
und kann doch von der Hoffnung nicht lassen

Ein kleiner Scherz
ein kleiner Schmerz
was erfreut noch mein Herz

Las mich treiben
bin innerlich am leiden
möchte alle Menschen meiden

Mein Herz blutet still
ich weiß nicht mehr was ich will

Doch etwas ist es was mich treibt
das immer im verborgenen bleibt
sich tief in meine Gedanken schreibt

Frühes Erwachen

Schon vor einiger Zeit kroch die Sonne am Horizont empor
obwohl es letzte Nacht noch mächtig fror
Sterne die am Himmel funkelten
Engel die leise tuschelten und munkelten

Sie sprachen über diese Welt
weil sie ihnen nicht mehr gefällt
Doch ändern wollten sie nichts
die Menschen löschen selbst das Licht

Ich erwache aus dem Traum
war eh nur wieder Schaum
Die Kaffeemaschine zischt und kracht
der Kaffee mir nun lacht

Später noch unter die Dusche springe
und dabei aber nicht singe
Zum fröhlich sein fehlt mir heut der Mut
in mir glüht eine Glut
Dennoch wird alles gut

Prost aufs Leben

Als das Leben nach mir rief,
ging wohl schon was schief,

Alles nahm seinen lauf.
Bekam sie immer drauf,
na dann Prost, ich sauf.

Dann als alleine ich lief,
später mit der Teufelin schlief,
war der Abgrund so tief.

Alles nahm seinen lauf.
Bekam sie immer drauf,
na dann Prost, ich sauf.

Habe im Leben so manches vergeigt,
oft meinen Kopf nur zur Seite geneigt.
So manchem den Hintern gezeigt.

Alles nahm seinen lauf.
Bekam sie immer drauf,
na dann Prost, ich sauf.

Nun sind Jahre vergangen,
oft genug in der Luft gehangen.
Viele Vögel ein Lied sangen

Alles nahm seinen lauf.
Bekam sie immer drauf,
na dann Prost, ich sauf.

Irgendwann zu Grabe tragen,
und alle werden wohl nur sagen,
zu viel gesoffen in den Lebenstagen.

So nimmt alles seinen Lauf,
bekomme sie nicht mehr drauf,
Prost euch allen, ich nicht mehr sauf.

Manchmal

Manchmal fällt mir nichts ein
Manchmal möchte ich bei Dir sein

Manchmal möchte ich mit den Wölfen heulen
Manchmal um mich schlagen mit Keulen

Manchmal möchte ich Dir so vieles sagen
Manchmal möchte ich Dich so vieles fragen

Manchmal bleiben meine Worte im argen
Manchmal hab ich Angst zu versagen

Manchmal werd ich verrückt
Manchmal bin ich von kleinen Dingen entzückt

Manchmal ist alles schwarz und weiß
Manchmal wird mir heiß

Manchmal wird mir kalt
Manchmal merke ich, ich werd alt

Manchmal bist Du so nah
Manchmal bist Du nicht da

Manchmal ist es wahr
Manchmal ist immer wenn ich Dich sah

Sinn und Unsinn

Wenn es Unsinn ist Dich zu lieben,
welchen Sinn macht dann die Liebe?

Wenn es Unsinn ist Dich zu hassen,
welchen Sinn macht dann der Hass?

Wenn es Unsinn ist zu leben,
Welchen Sinn macht dann das Leben?

Wenn es Unsinn ist zu sterben,
welchen Sinn macht dann der Tod?

Schneeballschlacht

Die Schneeballschlacht
alles jauchzt und lacht
Schneebälle fliegen von links nach rechts
von rechts nach links
Autsch, da traf mich so ein Dings

Sie treffen uns auf dem Po
und anders wo
Doch alle sind glücklich und froh
Die Finger klamm
die Kleidung durchnässt
die Entscheidungsschlacht gibt uns den Rest

Zuhause wärmen wir uns bei Kakao und Tee
langsam schmilzt in den Haaren der Schnee
Und in der Nacht
träumen wir von der nächsten Schneeballschlacht
denn vom Himmel fällt noch mehr von der weißen Pracht

Papas Kochkünste

Aus der Küche dringt ein Geruch
Plötzlich geht was zu bruch
Die Kinder kugeln sich vor lachen
Papa, der macht Sachen

Papa hat versucht zu kochen
Alle haben sich verkrochen
Kommen erst hervor als sie es gerochen

Die Küche sieht aus wie ein Schweinestall
Essen klebt an der Wand und überall
Aus der Pfanne tropft heißes Fett zu Boden
Papa verbrennt sich die Hände

Keiner wird Ihn loben
Mutter sich kringelt vor lachen
Papa, der macht Sachen

Tante, Onkel eilen herbei
Bestaunen die ganze Schweinerei
Sie können sich nicht halten vor lachen
Papa, der macht Sachen

Selbst der Kaffee will Ihm nicht gelingen
Alle lachen, alle singen
Wird er jemals was zustande bringen

Von der ganzen Familie nun umringt
Beginnt er nun auch zu lachen
Papa, der macht Sachen

3 mal Kopf

Würde ich all die Dinge verstehen
die mir durch den Kopf gehen
die Welt würde ich dann anders sehen

*

Den Kopf so voll
das Herz so leer
Leben ist mal einfach, mal schwer

*

Kopf, Herz, Bauch
stehe oft auf dem Schlauch
verstecke mich dann hinterm Strauch

Du bist Du

Mögen die Engel für Dich singen
damit Dir alles wird gelingen
Geigen erklingen und spielen
zum erreichen all deiner Zielen

Geh behutsam der Zukunft entgegen
Menschen die Dich mögen wird es geben
Sogar die, die Dich nehmen wie Du bist
weil Du für sie das beste bist.

Morgenrot

Die Morgenröte sich am Horizont zeigt
die Nacht sich dem Ende neigt
Morgendunst langsam zum Himmel steigt

Ein Vogel fröhlich sein Liedchen beginnt
ich lausche wie es singt
wie klein´ Ding doch Freude bringt

Etwas kratzt an meinem Ohr
die Katze schaut müde hinter dem Offen hervor
endlich eine Nacht in der es nicht fror

Denn Du liegst neben mir
meine Hand liegt noch auf Dir
spüre deine wärme morgens um vier

Der erste Sonnenstrahl dein Haar erhellt
Dunkelheit im Licht zerschellt
wie leicht mir doch alles fällt

Ich wage es nicht mich zu rühren
möchte Dich einfach noch spüren
Dich immer wieder berühren

Meine Lippen sanft auf deine Schulter gelegt
dein schönes Haar zärtlich beiseite gefegt
diese Berührung die meine Seele so hegt

Sinnloses fragen

Ist es Sinnlos nach dem Sinn des Lebens zu fragen?
Ist es Sinnlos nach der Liebe zu fragen?
Ist es Sinnlos sein Herz in der Hand zutragen?
Ist es Sinnlos Dich zu lieben?

Stille oder der Mord

Das Telefon still
da Du nicht mit mir reden willst

Auch mir fehlt jedes Wort
und für Taten ist es nicht der Ort

Meine Seele denkt an Mord
an die Morde
aller meiner Worte

Totenglocken

Dumpf ertönt der Glockenklang
Menschen singen einen Trauergesang

Was ist geschehen werdet Ihr Fragen
Meine innerste Dunkelheit wird heut begraben

Wie eine Spinne im Netz hielt sie mich fest
gab mit ihrem Gift mir oft den Rest

Im Kokon war ich gefangen
mit müh konnte ich die Flucht erlangen

Und nach langen hoffen und hängen
endlos scheinenden Abgesängen

Ist das Spinnennetz durchbrochen
neue Lebensgeister kommen an gekrochen

Sie be- und verzauben meine neue Welt
auf das mir nun alles leichter fällt

Weißt Du wie es ist?

Weißt Du wie es ist,
wenn der Hass die Seele frisst?
Weißt Du wie es ist,
wenn du in meinen Gedanken bist?

Weißt Du wie es ist,
wenn der Gedanke einzig ist?
Weißt Du wie es ist,
wenn sich alles verpisst?

Weißt Du wie es ist,
wenn dich nichts hält?
Weißt Du wie es ist,
wenn man ins Bodenlose fällt?

Weißt Du wie es ist,
wenn man einen Menschen vermisst?
Weißt Du wie es ist,
wenn Du dieser Mensch bist?

Weißt Du wie es ist,
wenn die Grenzen verschwimmen?
Weißt Du wie es ist,
wenn man möchte von vorne beginnen?

Weißt Du wie es ist,
wenn die Seele wird brechen?
Weißt Du wie es ist,
wenn es sich eines Tages wird rächen?

Weißt Du wie es ist,
wenn sich alles hat gegen Dich verschworen?
Weißt Du wie es ist,
wenn man sich fühlt als würde man in der Hölle schmoren?

Weißt Du wie es ist,
wenn man sich neugeboren fühlt?
Weißt Du wie es ist,
wenn einem dennoch die Dunkelheit umhüllt?

Weißt Du wie es ist,
wenn man darauf antwortet Ja?
Dann weißt Du was ich sah.
Und kennst den Ort wo ich war.

Träumer

Wolkenlos zieht die Nacht herauf
freue mich schon darauf

Bin in der kurzen Zeit
von Dir nicht weit

Du bist in meinen Gedanken,
in meinem Sinn
ich nur ein kleiner Träumer bin

Deine Ruhe und Kraft
sind das was es schafft

Mir das gesuchte zu geben
einen neuen Impuls im Leben

Du bist in meinen Gedanken
in meinem Sinn
ich nur ein kleiner Träumer bin

Vorbei geht die Nacht
dein Gesicht das lacht
Ich mir die Augen reibe
lang in der Erinnerung bleibe

Du bist in meinen Gedanken
in meinem Sinn
ich nur ein kleiner Träumer bin

Aufwachen will ich nimmer
träumen auch nicht für immer

Schwarz

Totenvogel, stille Nacht
Niemand der singt und lacht

Schwarze Augen starren ins dunkle
sehen mehr als gedacht

Ergötzen sich an dunkler Pracht
Missgunst, Habgier, Neid, Veracht´

Sie kennen kein Erbarmen oder Leid
Totenvögel sind nicht weit

Unheil

Unheilvolle Gedanken
kennen keine Schranken

Gedanken nähren sich
von Schatten und Lich´

Gedanken fressen Gedanken
Gedanken erkranken

Bringen oft ans Licht
was man gerne mal vergießt

Brücken

Brücken müsste man bauen
von anderen einen Moment klauen

Kurzer Moment der Zuversicht
einen Wimpernschlag von Licht

Was dann am Ende überbleibt
mich in den Wahnsinn treibt

Das Kind in mir laut schreit
zum erwachsen werden nicht bereit

Morsches Holz

Wie immer ohne Rast
sitze ich auf einem Ast

Höre es knarren und ächzen
über mir Raben krächzen

Bevor mein Ast bricht
ein Rabe deutlich spricht

Ruhelos wirst du wandern
von einem Tod zum andern

Liege nun dem Baum zu Füßen
die einzige Ewigkeit ist am grüßen

Grau

Licht und Schatten
Schatten und Licht
verschwommen ist dein Gesicht

Leben und Sterben
Sterben und Leben
Wem kann ich was geben

Schweigen und Reden
Reden und Schweigen
Warum muss mein Herz so leiden?

Sonne und Schnee
Schnee und Sonne
Erinnern ist wahrlich keine Wonne

Der Spiegel

Im Spiegel der Zeit
sehe ich kein Leid

Sehe das Menschen Brüder werden
und es herrscht Frieden auf Erden

Doch der Spiegel ist zersprungen
keiner hat deswegen Klagelieder gesungen

Gleichgültig nahmen die Menschen es hin
sie meinten, sie ständen mitten drin

Standen blind in den Scherben
diese werden sie Ihren Kindern vererben

Advent / Weihnachten

Advent Advent alles rennt
Ich hab da wohl was verpennt

Sie fragen sich, alle Geschenke schon da?
Weihnachten ist doch schon so nah

Das Fest der Liebe
Versetzt mich in Angst vor den hieben

Ist es doch wie jedes Jahr
Einfach nicht mehr wahr

In Kindertagen konnte man sich noch freuen
Heute werden es viele bereuen

Geschenke hin und her schieben
Das ist heute das Fest der Lieben

Jeder Tag ist gut genug, ohne es zu bereuen
Um einen anderen Menschen zu erfreuen

Sei es nur ein tröstend Wort
Zur rechten Zeit, am rechten Ort

Oder unverhofft eine Blume schenken
Ohne sich die Gedanken zu verrenken

Nachtgedanken

Gedanken denken

denken der Gedanken
Querdenken, gedenken
Umdenken, neu denken
Bedenken, nicht denken
Gedanken folgen,
ohne den Gedanken zu Ende zu denken
Gedanken verschenken
Gedankenlos denken
Gedanken verwerfen
Gedanken verschwenden
Und doch noch mehr Gedanken verwenden
Gedanken an Dich
Gedanken an Mich
Aber kein Gedanke umsonst mir entwich

Erotisches Gedicht

Du liegst neben mir
seit Nachmittags um Vier

Spüre Deine warme Haut
alles ist wieder so vertraut

Es ist so wie es einst wahr
streiche sanft durch Dein Haar

Werde Dich überall berühren
Deine Seele an meiner spüren

Streiche sanft über Deinen Rücken
ich fühle Dein entzücken

Meine Lippen werden Dich überall berühren
sie werden Dich sanft verführen

Meinen Kopf lege ich auf Deinen Busen
werde zärtlich mit Ihm schmusen

Meine Finger streichen über Deinen Bauch
ein wenig tiefer glaub ich auch

Ich weiß es klingt verrückt
bin jedes Mal von Dir entzückt

Und ich glaub es kaum
als ich erwache aus diesem Traum

Mein verlangen ist nun groß
wie das Ding in meinem Schoss

Würde es gerne in deine Hände geben
muss wohl mit einer kalten Dusche leben

Dunkle Sonne

Dunkle Wolken ziehen vorüber
ich knie vor Dir nieder

Schaue in deine leuchtenden Augen
die strahlen wie Sterne
Doch ich fühl mich wie in weiter Ferne

In der Dunkelheit warst Du eine Augenweide
in der Dunkelheit sitze ich und leide

Weil ich den beneide
der in deinem Herzen wohnt

???

Ich weiß nicht mehr was Liebe ist
wie schnell man doch vergisst
Früher habe ich so was wie Liebe gespürt
doch hat es mir die Kehle zugeschnürt

Hat meine Freiheit eingeengt
wie ein Schiff versenkt
Nun liege ich auf dem Meeresboden
denke an deine Hände, die sich in meinem Nacken schoben

Und an so vieles mehr
wie vermisse ich Dich sehr
Du gabst meinem Leben einen neuen Sinn
heute weiß ich nicht mehr Wer ich bin

Der Prinz

Der Prinz auf dem weißen Pferd
ist das warten nicht mehr wert

Es gibt davon einen ganzen Haufen
doch bei vielen ist der TÜV abgelaufen

So wartest Du vergebens
verschwendest viele Jahre deines Lebens

Zu guter letzt fragst Du dich worin
hatte das warten einen Sinn?

Schließ die Augen, strecke Deine Arme,
sehe und spüre das warme

Das Dir kein Prinz zu geben vermag
glücklich sein, ich Dir nur sag

Zum glücklich sein brauchst Du keinen Prinz
der nur heuchelnd sagt : Ich bin`s.

Mein Liebling

Warum muss ich an Dich denken
würde Dir gerne mein Herz schenken

Doch es ist schon lange bei Dir
nur ich, ich sitze hier

Du sagst ich soll mir keine Hoffnung machen
würde zu gerne oft und viel mit Dir lachen

Ich weiß nicht Warum, auch nicht Wieso
doch verzeih, ich Liebe dich so

Gespenst der Einsamkeit

Da sitzt es mir im Nacken
schaut über meine Schulter und lacht
besonders bei Nacht

Es lässt mich nicht schlafen
will es mich damit bestrafen?

Beherrscht meine Träume
zeigt mir was ich versäume

Und am Morgen beim erwachen
ist es immer noch am lachen.

Treibt nun auch am Tage seinen Schabernack
ist nicht grade mein Geschmack

Was es alles so treibt
doch das Gespenst bleibt

Wie kann ich es verjagen
warum muss ich seine Last ertragen
Wer kann mir das sagen

Wie kann ich es vertreiben
und doch einsam bleiben

Es klingt Paradox und hohl
aber einsam fühl ich mich wohl

Engel

Als Engel wirst Du nicht geboren
als Engel wirst Du auserkoren
Ich könnte schwören
würde Dich als Engel hören
Leise wirst Du Worte sagen
ich werde nicht fragen

Möchte auch als Engel leben
mit Dir in den Himmel schweben
Dem Horizont entgegen
denn als Engel bin ich verwegen

Werde dann tragen ein weißes Gewand
weiß wie ein karibischer Strand
Flügel die mich tragen
Kräfte die nie versagen

Blinde Liebe macht Taub

Ein Blinder kann die Liebe nicht sehen
Ein Tauber kann die Liebe nicht hören

Ich kann hören und sehen

Doch kann ich die Liebe nicht verstehen

Sehen

In und mit Dir das schöne sehen
doch muss ich Dir aus dem Wege gehen

Einsam schlägt mein Herz
Du bist mein Schmerz

Eine Träne wandert über meine Wange
bei Dir wird mir Angst und Bange

Ein Traum

Im Traum Deine Seele berühren
Im Traum Deine Gedanken verführen
Im Traum Dich tief in meiner Seele spüren

Im Traum, im Traum, im Traum

Ein Traum, ein Traum, ein Traum

Eben nur ein Traum

Spur des Lebens

Ich gab alles, nahm nichts
aber von leben keine Spur

Ich nahm alles, gab nichts
aber von leben keine Spur

Leben, nehmen, geben

Bei Dir wollte ich leben
alles geben, alles nehmen

Doch Du wolltest vom Leben nichts wissen
und ich soll dich da nicht vermissen?

Türen

Türen werde ich schließen
Türen die mich berührten
Türen die mich verführten
Hinter denen ich meine Sehnsüchte spürte

Goldbärchen

Ein Goldbärchen tanzte in meinen Gedanken
ich hatte Ihm viel zu verdanken

Ein Goldbärchen zeigte mir das Licht
es trug Dein Gesicht

Ein Goldbärchen, wollte es umarmen
es trug Deinen Namen

Ein Goldbärchen, wollte Ihm das schöne zeigen
doch tanzte es einen anderen Reigen

Doch Goldbärchen ist verschwunden
zurück blieben alte neue Wunden

Und ein Goldbärchen tanzt noch immer in meinen Gedanken

Zeitlos

Zeit heilt alle Wunden
Zeit bleibt nicht stehen
Zeit wird immer vergehen
Zeit wir werden dich nie verstehen
Zeit ist verschwunden

Heilt Zeit alle Wunden?

Flucht

Auf der Flucht vor Dir
Auf der Flucht vor mir
Auf der Flucht vor uns beiden
Bin deswegen nicht zu beneiden

Stehe nun am Rande des Abgrunds,
sehe den Weg nicht mehr
Liebe Dich so sehr

Doch wirst Du mir die Hand reichen,
mir den Weg weisen?
Oder wirst Du mich in den Abgrund reisen?

Möchte Dir in die Augen sehen,
sehen wie sie funkeln und strahlen
Meine Angst wird dann vergehen.

Sinnlich

Deine wärme spüren
Dich zart berühren
Dich sanft verführen
Meinen Kopf in deinen Schoss
Deinen Nektar trinken
In Dir versinken

Es gibt noch soviel zu entdecken
Möchte mich nicht mehr verstecken
Mit Dir ein Stück des Weges gehen
Mich selber nicht mehr Leiden sehen
Deine Worte versuchen zu verstehen

Folge Mir

Folge meiner Träne
Siehe wonach ich mich sehne

Folge meinem lachen
Es wird auch Dich glücklich machen

Folge meinen Worten
Sie führen Dich zu anderen Orten

Folge meinem Schrei
Und Wir sind frei

Folge meinem Leben
Habe Dir soviel zugeben

Folge einfach Mir

Zu Spät

Mein Bewusstsein sich weitet
Wenn Liebe und Hass sich streitet
Mein Leben mir entgleitet
Nichts mehr Freude bereitet
Weiter den Weg der Einsamkeit bestreitet

Ist es dann zu Spät?

So oder So

Es ist so, ist es so, so ist es
Es wird so, wird es so, so wird es

Es kommt so, kommt es so, so kommt es
Es kann so, kann es so, so kann es

Es wächst so, wächst es so, so wächst es
Es blüht so, blüht es so, so blüht es

Es liebt so, liebt es so, so liebt es
Es weint so, weint es so, so weint es

Es friert so, friert es so, so friert es
Es irrt so, irrt es so, so irrt es

Es lebt so, lebt es so, so lebt es
Es berührt so, berührt es so, so berührt es

Es stirbt so, stirbt es so, so stirbt es

Erwachen

Meine Worte sind wie deine Schritte
Sie verhallen in Zeit und Raum

Zurück bleibt nur ein Traum
Aus dem ich nicht erwachen möchte

Die Dunkelheit weicht dem Licht
Noch immer sehe ich Dein Gesicht

Möchte es berühren, zart verführen
sanft in meinen Händen spüren

Doch der Morgennebel lichtet sich
und langsam verschwindet dein Gesicht

Fremder Ort

Wo ich bin, wirst Du nicht sein
Wirst den Weg dahin nicht finden
Und ich den Weg nicht zurück

Denkmal

Die Venus von Milo schön anzusehen
einfach so im vorbeigehen

Hast du den Turm von Pisa gesehen
er wird immer schief da stehen

Statuen aus Bronze und Stein
stehen in der Gegend mal groß, mal klein

Doch ein Denkmal ist viel mehr
oft verehrt man es sehr

Glaubst du Nicht?
Dann Denk mal nach

Licht am Tunnelende

Am Tunnelende sah ich ein Licht
doch der Zug bremste nicht

Wollte im Tunnelschatten verweilen
nun liege ich hier in Einzelteilen

Werde nun für immer im Schatten verweilen
brauche mich nie mehr zu beeilen

Sonne

Die Sonne erhellt die Dunkelheit
zeigt uns die Welt ist weit

Die Welt ist auch voll Licht
siehst es in manchem Gesicht

So manches fremde Lachen
lässt wärme in dir erwachen

Traumwelt

Regenbogen, viel Farbenpracht
erscheint Dir bei Tag und Nacht
Etwas tief in Dir lacht

Zeigt Dir den Weg zum Gold
was anderes hast Du nicht gewollt

Trotzdem fühlst Du dich toll
obwohl in Dir nagt ein Groll

Schaffst Dir so deinen kleinen Raum
zum Glück nur in einem schönen Traum

Ich bin was Ich bin

Bin nicht der große Held
oft nicht von dieser Welt
Gehöre nicht zu den Großen
werde oft herum gestoßen

Ich bin was Ich bin
Ich bin Ich

Freunde waren hier und da
auch wenn ich sie nicht immer sah
Nur wenige sind geblieben
grade die werde ich dafür lieben

Ich bin was Ich bin
Ich bin Ich

Mag auch noch manches gute kommen
oder was dunkles zu gesteckt bekommen
Ich stelle dann keine Fragen
denn eins kann ich dann ruhig sagen

Ich bin was Ich bin
Ich bin Ich

Phönix

Prächtiger Phönix warum wurdest zu zu Asche
war es dein Stolz oder der Frauenmasche

Aus der Asche wirst Du dich erheben
bereit für ein neues Leben

Die Farbenpracht wird Dich blenden
dein Trübsal beenden

Heimatlos

Verbrannt ist die Heimaterde
im Dreck liegt eine Scherbe

Ein Teil meines Herzens
als es brach waren es Schmerzen

Der Heimat den Rücken gekehrt
die Einsamkeit hat sich vermehrt

Ohne Blick zurück
ging ich Stück für Stück

Jahrelang ziellos gewandert
von einem Ort zum anderen

100 Jahre später
erreichte ich wieder den Ort meiner Väter

Leute munkeln und raunen
ich selbst war am staunen

Wo einst nur Öde war
ich neues Leben sah

Nein

Nein
ich sehe kein Licht

Nein
sehe nicht dein Liebreiz Gesicht

Nein
ich sage es nicht

Nein
ich Liebe dich nicht

Nein
ich spüre keinen Schmerz

Nein
ich habe kein Herz

Nein
es ist kein Scherz

Nein
Du bist mein Herz

Gericht

Richtet nicht über mich
das mache schon ich

Spreche aus den Bann der Verbannung

Verbanne die Vergangenheit
sie brachte nur Kummer und Leid

Verbanne die Gegenwart
sie scheint unerreichbar und hart

Verbanne die Zukunft
sie raubt mir nur die Vernunft

Doch verbanne ich nie das Leben aus meinem Leben
das man mir hat gegeben

Raubvogel

Hoch in den Lüften kreisen
höher fliegen als Meisen

Doch werden sie nicht singen
wie eine Amsel lieblich klingen

Sie breiten aus ihre Schwingen
sehen manches von den kleinen Dingen

Ihre Beute Maus und Has´
schnappen es anderen weg vor der Nas´

Ihr Ziel verfehlen sie nie
ah wäre ich doch mal so wie Sie

Jagdglück die Zweite

Wohl an der Hase sprach
als er den Jäger sah

Die Krähen in den Bäumen
sahen die Tiere die Felder räumen

Der Jäger auf der Pirsch
sah nicht mal einen Hirsch

Der Tag sich dem Ende neigt
Tiere grinsen vereint, dem haben wir´s gezeigt

Du bleibst

Ich seh den Bäumen zu
frage mich wo bist Du

Seh die Blätter fallen
höre noch deine Schritte leise verhallen

Seh die Wolken wandern
doch Du liegst bei einem anderen

Rieche dich noch in meinem Kissen
werde Dich noch lange vermissen

Spüre noch deine zarte Hand
war sie doch wie ein Verband

Schluckte die bittere Pille
denn was blieb war nur die Stille

Meine Rufe stießen bei Dir auf taube Ohren
bin ich nun Tod oder neu geboren

Herbst

Leichter Regen, leichter Wind
fühle mich wieder wie ein Kind
Nasses Laub an der Sohle klebt
So schön habe ich den Herbst noch nie erlebt

Friedlich und Stil ist es um mir
in Gedanken bin ich bei Dir
Jeder Schritt den ich geh
ist so als ob ich nun versteh

Wie sehr hab ich dich geliebt und verehrt
es hat sehr an meinen Kräften gezehrt
Nun ist es schon lange aus
saß lange allein und trauernd zu Haus

Der Himmel ist nun trübe
Ich werde langsam müde
Erfreue mich an dem was ich seh
bald kommt der Winter und bringt Schnee

Ich, Du, Wir

Bin Ich? Wenn Du bist
Bist Du? Wenn Ich bin
Sind Wir? Wenn Wir sind

Wenn Wir nicht sind, was sind Wir dann?

Bin Ich wirklich Ich, Wenn Ich versuche Ich zu sein.
Bist Du wirklich Du? Wenn Du versuchst Du zu sein.
Sind Wir wirklich Wir? Wenn Wir versuchen Wir zu sein.

Wüstentraum

Einsam wanderte ich durch die Wüsten öde,
umarmte einen Kaktus, man war ich blöde.

Dachte es wäre eine Rose,
das ging wohl in die Hose.

Dann küsste ich die Fatamorgane,
und war dem Wahnsinn sehr nahe.

Als ich aus dem Traum erwachte,
war es die Sonne die nur lachte.

Verborgene Sehnsucht

Du siehst mich nicht zittern,
Du hörst mich nicht schreien.

Wenn ich um Dich wein.

Du bist tief in meiner Seele,
doch das ich Dir fehle,
wird nicht sein.

Schrei (stumm)

Wie oft hab ich nach Dir geschrien
Wie oft hab ich Dir verziehen

Der Schrei verhallte in Raum und Zeit
du warst für meine Liebe nicht bereit

Liebesscham

Betrunken von Dir,
oder war es der Wein?

Nein, ich wein`
Weine eine Träne,
weil ich mich Schäme

Kann meine Gedanken nicht von Dir lenken,
würd` Dir mein Leben schenken

Ohne einen weiteren Gedanken zu verschwenden

Verloren

Der Liebe abgeschworen
Das Herz erfroren
In der Hölle schmoren
Bei Dir Wiedergeboren

Und doch alles verloren

Mit Dir

Mit Dir die Vergangenheit vergessen
Mit Dir sich geistig messen
Mit Dir von neuen Ideen besessen

Mehr oder Weniger

Wenn ein mehr an mehr, mehr ist,
und ein weniger an weniger, wenig ist.

Warum ist dann ein mehr weniger
und ein weniger mehr für mich?

Nah und Fern

So nah und doch so fern,
wie ein Stern

So fern und doch so nah,
als ich Dich sah

Kälte

Kälte kriecht in meine Glieder,
ich lege mich nieder,
zittere mich warm,
träume von deinem Arm.

Wärme macht sich nun breit,
bin von der Kälte befreit.

Gegenüber

Du sitzt mir gegenüber im kurzen Rock,
ich bekomme einen positiven Schock.

Deine Lippen so Rot,
ich erwache aus dem Tod.

Deine Augen funkeln so grün,
ich spüre in mir ein glühen.

Du bist um einiges schlauer,
in mir bricht die Mauer.

Doch Du wirst gehen,
lässt mich in den Trümmern stehen.

Werden wir uns jemals Wiedersehen,
werde ich es verstehen.

Schicksal

Wenn das Schicksal dich nicht mehr trägt,
gnadenlos an deinem Ast sägt.

Wer wird an deinem Grabe stehen,
und auf dich nieder sehen.

Sein Haupt senken,
und an Dich denken.

Bis Ihm wird gewahr,
DU bist nicht mehr da.

Dunkle Sonne

Dunkle Wolken ziehen vorüber,
ich knie vor Dir nieder

Schaue in deine leuchtenden Augen,
die strahlen wie Sterne
Doch ich fühl mich wie in weiter Ferne

In der Dunkelheit warst Du eine Augenweide,
in der Dunkelheit sitze ich und leide

Weil ich den beneide,
der in deinem Herzen wohnt

Einsame Nacht

Nennt mich Kind, nennt mich Naiv
Nur weil ich mit meinem Teddy schlief.
Ich hielt Ihn in meinem Arm,
er hielt mich warm.

Ich erzählte Ihm von meinen Sorgen,
fühlte mich bei Ihm geborgen.
Sein Verständnis war so groß,
war er für mich doch das beste Los.

Geduldig hörte er mir zu,
auch als mir entwich ein Fluch.
Seiner Güte hatte ich es zu verdanken,
das wir in einen Traumlosen Schlaf versanken.

Am Morgen als ich erwachte,
schien es so als ob er lachte.
Mein Kummer war vergangen,
in meinem Kopf wir ein Lied nun sangen.

Wie gut ist es doch zu wissen,
das Tränen nicht einsam rollen ins Kissen.
Wenn er nicht währ gewesen,
was würde ich in meinen Augen lesen.

Zu schnell

Wo Kühe friedlich grasen
liegt er sterbend auf dem Rasen

Grade noch mit der Liebsten telefoniert
war er doch sehr frustriert

Als Sie sagte Schluss, Aus und Vorbei
sein Herz brach entzwei

Dachte an all den Spaß mit Ihr
Nun liegt er hier

Den letzten Atemzug getan
erspart bleibt ihm die Scham

Liebesbrief

Würde ich Dir einen Liebesbrief schreiben
Würde ich sagen ich mag nicht mehr leiden

Meine Worte würden sagen was ich an Dir mag
Es ist das was ich nun sag

Deinen Witz, deinen Charme
Halt mich einfach in deinem Arm

Dein lieblich Gesicht
Strahlender als Sonnenlicht

Dein langes dunkles Haar
Es riecht einfach wunderbar

Deine zarten Finger spüren
Wie sie sanft meine berühren

Einer Harfe gleich
Deine Stimme so weich

Doch nur im Traum spüre ich deine Küsse
Beim erwachen ist es so als ob ich rennen müsse

Darum schreibe ich dir keinen Liebesbrief
Denke es geht eh schief

Denn das gute an Dir
Ist das böse in mir

Um dies zu unterbinden
Muss ich Dich neu finden

Neu entdecken
Nicht mehr verstecken

Oder ist es nur die Sucht
Bin ich deswegen auf der Flucht

Die Flucht vor Dir
Die Flucht vor mir

Darum sage mir
Das Leben ist nur ein böser Traum
Bestehend aus Schaum
Der so schnell vergeht
Wie der Wind die Asche verweht

Masken

Masken tragen wir derer viele
jede steht für andere Ziele

Doch die traurigen Augen bleiben gleich
blicken starr, wie ein tiefer stiller Teich

Seelen Weg

Jeder der Dich verlässt
seine Spuren hinterlässt

Diese Spuren werden bleiben
bringen Dich zum leiden

Erinnern ist nicht schwer
Gefühle haben um so mehr

Und das was alles bleibt
Deine Seele aufreibt

Etwas von Dir bleibt

Schaue den Bäumen im Winde zu
frage mich Wo bist Du?

Sehe die Blätter fallen
höre leise deine Schritte verhallen

Sehe dunkle Wolken wandern
Du bist nun längst bei einem anderen

Ich rieche Dich noch in meinem Kissen
bin ich Dich so sehr am vermissen?

Spüre noch deine zarte weiche Hand
war sie für mich wie ein Verband

Schluckte die bittere Pille
was übrig blieb war Stille

Meine Rufe stießen bei Dir auf taube Ohren
bin ich nun Tod oder neugeboren?

Herz

Mein Herz möchte singen und hüpfen
aus dem Ei der Einsamkeit schlüpfen

Mein Herz möchte wachsen und gedeihen
lernen anderen Herzen zu verzeihen

Es möchte mit deinem um die Wette schlagen
ohne Angst zu versagen haben

Mantel

Wenn das Alter dahin schreitet
wie ein Mantel sich ausbreitet

Ist es noch lange kein Mantel des Schweigens
mit jedem Jahr beginnt ein neuer Lebensreigen

Wer sich aufgibt und vergisst
wird später auch nicht vermisst

Und Petrus an der Himmelspforte
verbannt ihn an einem anderen Orte

Ein neuer Tag

Der Morgennebel sich langsam lichtet
die Sonne die Erde neu belichtet

Blumen erwachen zu neuem Leben
werden Dir ihre Schönheit geben

Ihr Duft wird Dich betören
Vögel wirst Du singen hören

Verweile in dieser Pracht
bald kommt eine neue dunkle Nacht

Der Dreh mit der Zeit

Dreh nicht am Rad der Zeit
schau nicht was war und bleibt

Dreh die Zeit nicht zurück
Vergangenheit kommt auch so Stück für Stück

Dreh die Zeit nicht in die Zukunft
las siegen die Vernunft

Las die Zeit im hier und jetzt stehen
Du wirst dann sehen

Alles wird und kann geschehen
Zeit wird niemand verstehen

Liebesfragen

Hast Du die Liebe gesehen?
Konntest Du die Liebe verstehen?

Hat die Liebe Dich gesehen?
Konnte die Liebe Dich verstehen?

War die Liebe nur ein versehen?
Und Du bleibst doch wieder im Regen stehen?

Ist die Liebe nur eine Qual?
Und keiner hat eine andere Wahl?

Ob die Liebe nur ein Raubtier ist?
Da Sie Dich mit Haut und Haar frisst.

Vaters leiden

Wem fröstelt es bei Nacht und Wind
ist´s der Vater oder das Kind

Dem Vater plagt es schon eine Weile
heut ist er nicht der geile

Seine Frau nimmt ihn auf die Schippe
liegt er doch sterbend im Bett,

mit Männergrippe

Märchen Bärchen

Viele Menschen erzählen Märchen
doch die besten könnten erzählen die Bärchen

In der Kinderzeit
war ein Bär nie weit

Damals verstand er unsere Sorgen
Heut könnt er uns seine Ruhe borgen

In der hektischen Zeit
ist der Herzinfarkt nicht weit

Frühling

Morgentau die Wiese bedeckt
saftiges grün sich darunter versteckt

Morgennebel langsam zu Himmel steigt
die Erde noch schweigt

Tiere die langsam erwachen
Blüten die zaghaft der Sonne entgegen lachen

Würde es gerne mit Dir erleben
Mich der Natur und dir ergeben

Wie der Morgentau Dich sanft berühren
So einen Frühling mit Dir spüren

Einen wie ich hab noch nicht erlebt
Spüren das die Erde auch anders bebt

Schwarzer Engel

Auch wenn Du mit dem Teufel tanzt
dein lieb reiz Gesicht hinter einem Schleier verschanzt

Dich werde ich nicht mehr verführen
werde Dich nicht mehr berühren

Hab mir an Dir die Finger verbrannt
Dich aus meinem Herzen verbannt

Zu Spät sah ich deine schwarze Seele
merkte das ich Dir nie fehle

Blinde Fragen

Reicht die Zeit in Tagen gemessen
wenn wir sind darauf versessen

Antworten zu bringen
auf all den fragenden Dingen

Es fragt ein Kind
Doch ich bin blind

Es fragt ein Mann
Ob ich ihm Antworten kann

Es fragt eine Frau
Die Antwort wüsste ich gerne auch

Es bleibt die Frage
Die niemand zu sprechen er wage

Warum bin ich hier?
Warum nicht bei Dir?

Warum lebe ich?
Wann sagst Du Ich Liebe Dich?

Antworten wird es nicht geben
Es ist einfach blind zu leben

Lampenfieber

Auf der Bühne stehen
Die vielen Leute sehen
Lampenfieber wird vergehen

Das erste Blind Date
Komm ich zu spät?
Werd ich sie sehen
Lampenfieber wird vergehen

Das erste Mal
Welch eine Qual
Wird Sie schwanger aus versehen?
Lampenfieber wird vergehen

Manchmal II

Manchmal bilde ich mir was ein
Und bin doch allein

Manchmal möcht ich bei Dir sein
In deinem hellen Schein

Manchmal träume ich von Dir
Bis Morgens um Vier

Manchmal ist es soweit
Bin zum sterben bereit

Manchmal bilde ich mir was ein
Und bin doch allein

Manchmal an Dich denken
Ohne Gedanken zu verschwenden

Manchmal meine Gedanken lenken
Ohne den Geist zu verrenken

Manchmal ist es soweit
Bin zum sterben bereit

Manchmal bilde ich mir was ein
Und bin doch allein

Manchmal fühle ich wie Du
Frage Wozu?

Manchmal machst Du mich nieder
Müde sind nur meine Glieder

Manchmal ist es soweit
Bin zum sterben bereit

Manchmal bilde ich mir was ein
Und bin doch allein

Manchmal sehe ich ein Licht
Es ist dein Gesicht

Manchmal ist meine Sehnsucht groß
Frage Wo bist du bloß

Manchmal ist es soweit
Bin zum sterben bereit

Manchmal bilde ich mir was ein
Und bin doch allein

Manchmal denkst Du auch an mich
Jetzt lüge nich´

Manchmal bin ich stark
Liege ja schon fast im Sarg

Manchmal ist es soweit
Bin für deine Liebe bereit

Blatt im Wind

Hilflos wie ein Kind
schwanke ich wie ein Blatt im Wind

Würde nicht in deinen Händen landen
eher auf einer Insel stranden

Wie meine Gefühle versanden
da wir uns nicht verstanden

Spätsommer

Genieße die Oktobersonne
noch warm und voll Wonne

Sitze hoch oben auf einem Berg
fühle mich trotzdem wie ein Zwerg

Vor mir ein Glas Wein
schaue hinab auf den Rhein

Wie sorglos er doch fliest
kein Kummer in ihm sprießt

Bescheiden frag ich Warum?
Und beneide ihn darum

Häschen (Kindergedicht)

Fröhlich Häschen hüpft übers Feld
Ein Möhrchen ihm ein Beine stellt

Häschen purzelt und kullert benommen
Möhrchen Du wirst deine Rache bekommen

Häschen buddelt das Möhrchen aus
bereitet sich einen Festtagsschmaus

Papp satt liegt das Häschen nun im Gras
denkt: Möhrchen lecker war's

Tagesausflug

Bist des Lebens mal Leids
fahr mal in die Anholter Schweiz

Ob Regen oder Sonnenschein
in der Schweizer Hütte kehrt man gerne mal ein

Hier wird man Dich gut versorgen
bist da geborgen

Mach Dir mal ein Bild
von unserem heimischen Wild

Selbst Meister Petz und Isegrim geben sich ein stell dich ein
Schau einfach mal rein

(Infos dazu im Anhang)

Anhang

Die Anholter Schweiz liegt am Niederrhein, Bad Isselburg, NRW. Ein sehr schöner Fleck zum verweilen. Infos auch im Netz unter:

http://www.baeren-anholt.de/

Da ich Bären sehr mag, fahre ich auch öfters dahin, sofern es meine Zeit zulässt, um mal zu entspannen und neue Ideen aufzugreifen.

Zeitfracht Medien GmbH
Ferdinand-Jühlke-Straße 7
99095 Erfurt, Deutschland
produktsicherheit@kolibri360.de